SOCIÉTÉ NATIONALE ET CENTRALE

D'AGRICULTURE.

NOTICE

SUR

AUGUSTIN SAGERET,

par M. Adrien de Jussieu.

Depuis la plus haute antiquité, la culture des jardins a été célébrée comme une des meilleures et des plus douces occupations données à l'homme. Les poëtes les plus illustres l'ont chantée, et en la chantant ils sortaient du domaine de la fiction, ce que certes on ne contestera pas dans cette enceinte. En effet, quelle vie plus utilement et plus agréablement employée que cette vie calme en même temps que laborieuse qui se passe au milieu des plus riantes productions de la nature, des fleurs brillantes et parfumées, des fruits savoureux ? Quel travail plus attrayant que celui qui, s'exerçant sur ces précieux produits de la création, semble devenir créateur lui-même par les heureuses modifications qu'il sait leur apporter ? C'est par là que l'horticulture s'est élevée à la dignité de science, et aujourd'hui nous la voyons dans tous les pays civilisés représentée par des sociétés éclairées, dont chaque année constate l'utile influence sur les progrès qu'elles provoquent et mettent en lumière.

Cette science, M. Sageret fut un de ses plus dignes représentants. Habile praticien, il chercha constamment à éclairer et diriger sa pratique par des observations où l'exactitude et la sagacité se font également remarquer, et par les considérations théoriques qu'en savait déduire une saine raison. L'épithète de *physiologique*, qu'on trouve dans les titres de plusieurs de ses mémoires et de son principal ouvrage, témoigne de cette tendance de tous ses travaux qui leur donne un véritable intérêt pour la botanique. C'est peut-être le motif pour lequel la Société a bien voulu me confier la tâche que je remplis aujourd'hui; c'est celui pour lequel j'ai accepté cette honorable mission. En l'accomplissant, j'ai éprouvé un véritable regret, celui de n'avoir pas connu personnellement l'homme excellent dont j'avais à vous entretenir, de n'avoir pas parcouru et étudié, guidé par lui, ses cultures, commentaires vivants de ses idées, pièces justificatives de ses nombreux écrits; j'aurais été ainsi plus capable de bien les apprécier, et plusieurs d'entre vous, messieurs, qui, plus anciens que moi dans cette Société, ont eu ce double avantage, auraient pu le louer plus dignement.

Augustin Sageret était né, à Paris, le 27 juillet 1763. Une partie de son enfance se passa à Ménilmontant, où de la maison occupée par ses parents dépendait un assez vaste jardin. Ce jardin lui donna-t-il le goût de l'horticulture, ou développa-t-il en lui un instinct naturel? Question qu'on rencontre souvent au début de la carrière des hommes remarquables, en cherchant à se rendre compte des causes qui ont inspiré et dirigé leurs travaux. Quoi qu'il en soit, l'enfant se plaisait à jardiner, non pas, comme on le fait trop souvent à cet âge, pour bouleverser et détruire, mais bien pour cultiver des fleurs et des plantes étrangères. Si nous voulions évoquer l'image fidèle de M. Sageret aux diverses époques de sa longue vie, nous serions à peu près sûr de ne pas nous tromper en la plaçant au milieu d'un jardin; et, quand on réfléchit que cette vie comprend les quarante dernières années du XVIIIe siècle et les cinquante premières du XIXe, on reconnaît avec un certain étonnement, dans son emploi si constant, bien de la sagesse et bien du bonheur.

La plus longue infidélité que M. Sageret ait faite à l'horticulture fut nécessitée par ses études scolastiques qu'il poursuivit avec succès au collége du Plessis-Sorbonne, puis par ses études de droit. Elles étaient terminées à vingt ans. Ce fut alors que, mû par cette curiosité presque inséparable, dans la jeunesse, du goût et de l'étude des choses naturelles, il entreprit une excursion en Amérique, où il visita successivement les États-Unis, puis Saint-Domingue. De retour en France, il la quitta bientôt pour l'Italie. On ne retrouve dans les ouvrages de M. Sageret que fort peu de traces de ces voyages de sa jeunesse, sans doute parce qu'à cette époque lui manquait l'expérience qui, plus tard, eût dirigé ses observations comparatives et leur eût donné tant de prix. Quand il a parlé des qualités diverses que prennent nos fruits transplantés ou semés en Amérique, dont le sol leur imprime un caractère primitif et plus sauvage, et des résultats nouveaux qu'on pourrait obtenir en les transportant plusieurs fois de l'un à l'autre continent, il paraît guidé moins par les observations que lui aurait fournies, sur les lieux, l'étude des pays étrangers, que par celles qu'il aurait eu, plus tard, occasion de faire en France ou qui lui seraient venues d'autres sources.

Une fois de retour et fixé dans son pays, il remplit les vœux de son père en acceptant une place de juge à la cour ou au tribunal de la table de marbre des eaux et forêts de Paris, paisible magistrature qui ne l'éloignait pas de ses idées et de ses études favorites; mais bientôt la révolution vint leur donner un champ plus libre encore en supprimant sa place, et dès lors il se livra à la culture tout entier et dans une complète indépendance.

Nous le trouvons, en **1791**, établi près de Sèvres, à la ferme de Billancourt, qu'il venait d'acquérir et fit valoir pendant plusieurs années (1). Il nous apprend lui-même que, « la voyant portée à toute sa valeur et pensant qu'il restait

---

(1) Ce fut là qu'il recueillit ses observations relatives aux effets du plâtre sur les Sainfoins et Luzernes, d'après des expériences faites en l'an VIII à la ferme de Billancourt, insérées dans les *Annal. d'agric. française*, t. 7, p. 383-387, an IV.

« peu de chose à faire pour le perfectionnement de l'agricul-
« ture dans le département de la Seine, il ne crut pouvoir
« mieux faire que de l'échanger contre une autre plus éten-
« due, mais dont la culture bien moins avancée laissât plus
« de latitude aux améliorations. »

Ce fut dans ces vues qu'en **1806** il acheta, dans le Gatinais, une autre propriété de **300** hectares de contenance, consistant en bois, terres labourables, prés, étangs et Vignes. Elle offrait d'ailleurs, sur divers points, les diverses qualités de sol particulières au pays, et comme ce sont celles qui se répètent, dans une grande étendue, tout à l'entour, il fait remarquer que ses expériences et observations, quoique circonscrites dans un champ assez étroit, peuvent acquérir un intérêt bien plus général, puisqu'elles sont « applicables, à
« quelques modifications près, non seulement au départe-
« ment du Loiret, mais à la Sologne, au Gatinais, et peut-
« être à d'autres contrées dont le sol et la position offriraient
« les mêmes caractères. »

Elles sont consignées dans un mémoire important qui, lu à votre Société, fixa son attention et fut inséré dans son recueil (1). Leur intérêt se maintient, aujourd'hui que la question de ces améliorations est à l'ordre du jour. On peut y chercher des documents historiques sur un état antérieur et sur ce qui avait déjà été fait, des suggestions sur ce qui reste à faire, des avertissements sur les difficultés et les obstacles. En effet, l'auteur procède avec cette réserve prudente qui doit présider à de semblables essais. Il ne rougit pas d'interroger la routine; il lui demande ses raisons, et même s'y rend quand elle en a de bonnes à donner, ce qui lui arrive quelquefois. Aussi, quand il la combat, c'est avec autorité; quand il prêche, l'exemple est venu fortifier le précepte. Dans les

(1) Mémoire sur l'agriculture d'une partie du département du Loiret et sur quelques tentatives d'amélioration, *Mém. de la Soc. d'agriculture de la Seine*, t. II, p. 111-221, 1808. On trouve un extrait de ce même mémoire, par M. Tessier, dans les *Ann. de l'agric. française*, t. 39, p. 342-365, 1809.

améliorations, il montre un enchaînement nécessaire, tel que l'une cesse de mériter ce nom, si elle n'est précédée de telle autre. Avant d'employer une charrue plus parfaite, il faut avoir desséché les terrains trop longtemps noyés chaque année, et pour cela que la propriété, moins divisée, permette une meilleure distribution des fossés de desséchement. Avant de multiplier les prairies artificielles (qu'il a vues très-bien réussir), il faut supprimer le pacage des troupeaux dans les bois, où ils se nourrissent gratis en les ruinant. Il examine ainsi la qualité du sol dans les terres, qu'il divise en trois classes, exposant le mode de culture pour chacune d'elles, celui qui est usité et celui qu'on pourrait y substituer; il établit la balance des frais et des produits, et montre ceux-ci en rapport avec le genre de vie du cultivateur dans une telle dépendance, qu'il y aurait inutilité et même inconvénient à changer les uns, même en les améliorant, si l'autre n'a consenti d'abord à se modifier en renonçant à des habitudes invétérées. Il passe en revue les questions relatives aux prairies, aux étangs, aux bestiaux, et enfin aux plantations d'arbres. Les bois lui ont fourni, vers la même époque, le sujet d'un mémoire particulier (1), où il expose les moyens de restauration tels qu'il les a conçus et exécutés dans une dépendance de sa propriété.

Nous avons jusqu'ici vu M. Sageret exploitant des fermes et voué à l'agriculture. C'est à ce titre qu'il était devenu membre de la Société centrale et nationale dès 1798, c'est-à-dire à l'époque de sa renaissance. Il y fut présenté par son ami Parmentier. Cette amitié et l'estime sympathique qui lui avait servi de fondement étaient bien naturelles. Parmentier, attiré vers Sageret par la communauté des goûts et des occupations, l'avait vu, dès son début et l'un des premiers, seconder cette bienfaisante action qui a rendu son nom si popu-

(1) Moyen de restauration d'un mauvais bois exécuté, en mars 1809, à la terre d'Ouchamp (département du Loiret), avec diverses observations et réflexions, *Ann. agric. franç.*, t. 42, p. 41-58, 1810.

laire, l'usage alimentaire de la Pomme de terre et l'extension de sa culture. C'est le sujet des premiers travaux de M. Sageret, et dans tout le cours de sa longue pratique il y revint toujours avec une sorte de prédilection, comme il est facile de le reconnaître dans l'énumération de ses mémoires (1).

---

(1) Culture des Pommes de terre par le moyen de semences ou baies résultant d'un essai fait en 1793. Cette première édition se trouve dans la *Feuil. du cult.*, in-4°, t. 4.

Culture des Pommes de terre par la voie des semences ou baies résultant d'essais faits en 1793 et cette année. *Feuil. du cult.*, t. 4, p. 423-25.

Observations sur une espèce de Pommes de terre détériorées qui se trouvent quelquefois en assez grand nombre dans la récolte des meilleures. *Feuil. du cult.*, t. 4, p. 364-365.

Notice sur une espèce de Pomme de terre rouge envoyée de Lyon par le citoyen Chancy. *Feuil. du cult.*, t. 4, p. 425.

Observations sur les Pommes de terre hâtives. *Feuil. du cult.*, t. 5, p. 179, an III.

Tableau comparatif du produit de diverses espèces ou variétés de Pommes de terre. *Feuil. du cult.*, t. 5, p. 421-23, an IV.

Avis aux amateurs de Pommes de terre. *F. du cult.*, t. 7, p. 72, an VI.

Énumération des espèces et variétés obtenues par l'auteur. *Ann. de l'agric. franç.*, t. 2, p. 423-425, 1797.

Notice sur une variété hâtive de Pomme de terre cultivée, en 1813, dans le jardin du Conservatoire des arts et métiers. *Ann. de l'agric. franç.*, t. 55, p. 5-11, 1813.

Mémoire sur le semis de la Solanée parmentière ou Pomme de terre, d'après plusieurs expériences faites à diverses époques, et récemment en 1813. *Ann. agric. franç.*, t. 56, p. 145-193, 1813.

Note sur un pied de Pomme de terre provenant de semence. *Ann. agric. franç.*, t. 56, p. 260-261, 1813.

Notice sur deux semis de graine de Pomme de terre faits en 1828 et 1829. *Ann. agric. franç.*, 3e série, t. 4, p. 18-27, 1837.

Discussion sur quelques points relatifs à la culture de la Pomme de terre, et notamment sur l'effet produit par les fumiers sur la qualité de ses tubercules, avec quelques observations sur ces mêmes effets relativement à la qualité des fruits en général. *Ann. agric. franç.*, 3e série, t. 7, p. 129-143, 1831.

Lettre sur la culture de la Pomme de terre. *Ann. de la Soc. d'horticult.*, t. 10, p. 157, 1832.

Proposition relative à la propagation de la Pomme de terre en Algérie. *Ann. agric. franç.*, 4e série, t. 6, p. 349-50, 1842.

Note sur la lettre de M. le ministre de l'agriculture et du commerce relative à la Pomme de terre. *Ann. agr. franç.*, 4e sér., t. 15, p. 472-74, 1847.

Note sur les Pommes de terre. *Bull. de la Soc. d'agricult.*, t. 4, p. 410.

On y voit aussi l'emploi fréquent d'un de ses procédés favoris, le semis, mode de propagation qui, par la variété des produits, donne des chances d'acquisitions nouvelles, parmi lesquelles il ne reste plus qu'à choisir pour multiplier nos ressources et nos jouissances.

Plus tard il s'occupa d'autres tubercules alimentaires (1), surtout, et jusque dans les derniers mois de sa vie, de la Batate (2), dont il s'efforça d'enrichir nos potagers, et parvint à obtenir plusieurs bonnes variétés et même des graines.

Note sur la maladie des Pommes de terre. *Bull. Soc. agric.*, t. 5, p. 266.

Sur la culture de la Pomme de terre. *Bull. Soc. agric.*, t. 7, p. 107.

(1) Note sur le Topinambour (*Helianthus tuberosus*). *Feuille du cult.*, t. 4, p. 426.

(2) Réflexions physiologiques sur la culture de la Batate (*Convolvulus batatas*) et sur les moyens de l'acclimater. *Ann. agric. franç.*, 2e série, t. 44, p. 169-182, 1828.

Sur la Batate ; extrait d'une lettre de M. Sageret et observations de M. Féburier. *Ann. Soc. hortic.*, t. 4, p. 350, 1829.

Note sur la floraison de la Batate, *Ann. Soc. hortic.*, t. 15, p. 12, 1834.

Notice sur la culture de la Batate, sur le semis de ses graines et sur les moyens de conservation soit des plantes, soit des tubercules. *Mém. de la Soc. d'agr.*, t. 45, p. 265-270, 1838, et *Ann. agric. franç.*, 3e série, t. 23, p. 138-143, 1839.

Nouvelle notice sur la culture de la Batate faite à Paris, en pleine terre, en l'année 1839, et sur les moyens de conserver du plant, pendant l'hiver de 1839-40, pour la plantation en pleine terre pendant cette dernière année. *Ann. agric. franç.*, 4e série, t. 1, p. 430-38, 1840.

Note sur la culture de la Batate en 1844. *Ann. agric. franç.*, 4e série, t. 2, p. 59-60, 1845.

Notice sur les semis de Batate et de Melon muscade. *Bull. Soc. agric.*, 2e série, t. 1, p. 530-31, 1845-46.

Culture de la Batate en 1846. *Bull. Soc. agric.*, 2e série, t. 2, p. 387-90, et *Ann. agric. franç.*, 4e série, t. 15, p. 139-142, 1847.

Influence de la température sur la végétation, et notamment sur la Batate en 1846. *Bull. Soc. agric.*, 2e série, t. 2, p. 387-90, 1846-1847. — Des effets de la température, etc.; expériences faites et résultats obtenus. *Ann. agric. franç.*, 4e série, t. 15, p. 116-119, 1847.

Note sur la culture de la Batate par semis. *Bull. Soc. agric.*, 2e série, t. 3, p. 260 et 433, 1847-1848.

Note sur les semis de graines de Batates et de Pommes de terre. *Ann. agric. franç.*, 4e série, t. 16, p. 156-57, 1847.

Note sur le produit et la culture, par tubercules et par semis, de la

Dans la vie si bien ordonnée de M. Sageret, les changements ne portent pas sur le fond, mais seulement sur la forme. Ce sont toujours les mêmes intérêts, les mêmes occupations, les mêmes études; on peut dire que c'est une même pièce transportée sur des théâtres un peu différents. Un de ces changements les plus importants fut celui qui le fixa à Paris lorsque, cédant sa propriété du Gatinais à l'un de ses enfants, il vint s'installer rue de Montreuil, remplaça l'exploitation de la ferme par celle d'un grand jardin, qui désormais l'occupa tout entier, et d'agriculteur se fit franchement horticulteur. Dès lors, rapproché des sociétés savantes, il s'y montra l'un des plus assidus, y reçut et donna l'impulsion, put consacrer plus de temps à ses expériences et à la rédaction d'écrits propres à en constater les utiles résultats. Aussi c'est à cette période que se rapportent ses communications les plus nombreuses et les plus importantes.

Leur nombre même ne nous permet pas de les analyser toutes ici, et nous croyons pouvoir faire mieux connaître leur mérite en recherchant, dans quelques-unes des principales, l'esprit dans lequel elles ont été conçues, les questions qu'elles ont soulevées, les moyens employés pour leur solution et les conclusions auxquelles elles ont conduit.

Les mémoires sur les Cucurbitacées (1), qui font partie de

Pomme de terre et de la Batate en 1847. *Ann. agric. franç.*, 4e sér., t. 17, p. 37-39, 1849.

Notice sur la Batate. *Bull. Soc. agr.*, 2e série, t. 6, p. 107, 1849-50.

(1) Mémoire sur les Cucurbitacées, principalement sur le Melon, avec des considérations sur la production des hybrides, des variétés, etc. *Mém. Soc. d'agric.*, t. 30, p. 435-492, 1825.

Deuxième mémoire sur les Cucurbitacées, principalement sur le Melon, contenant la culture en pleine terre de celui-ci, etc., et les perfectionnements dont elle est susceptible. *Mém. Soc. d'agric.*, t. 32, t. 1-116, 1827.

Notice sur le Melon de la Chine; fait singulier observé sur un de ces Melons, et considérations physiologiques sur la fécondation et sur l'hybridité relatives à ce fait. *Ann. Soc. hortic.*, t. 2, p. 153-167, 1828.

Instruction abrégée sur la culture du Melon en plein air. *Ann. de Fromont*, t. 1, p. 56, 1829.

Rapport sur la monographie du Melon de M. Jacquin. *Ann. Soc. hortic.*, t. 12, p. 236, 1833.

votre recueil, me paraissent particulièrement propres à cet examen. On sait à quel point les plantes de cette famille tendent à varier, tant par les formes de leur feuillage que par celles de leurs fruits et par leurs qualités. On sait, de plus, que leurs fleurs, de sexe différent, se trouvent tantôt rapprochées sur le même pied, tantôt séparées sur des pieds différents, et de là, sans doute, dans les cultures qui réunissent plusieurs espèces, la facilité avec laquelle les fécondations se croisent de l'une à l'autre, et l'une des sources les plus fréquentes de ces variétés nombreuses qui, à leur tour, peuvent agir l'une sur l'autre en déterminant des sous-variétés nouvelles. Cette séparation des sexes, et la saillie de l'ovaire infère, qui fait distinguer les fleurs femelles des mâles dès leur plus jeune âge, permettent de produire à volonté ces fécondations croisées ou hybridations, et l'on peut ainsi se procurer des données certaines, qui manquent dans le plus grand nombre des phénomènes semblables entre plantes à fleurs petites ou bisexuées, pour l'étude de plusieurs questions des plus importantes à l'horticulture et à la physiologie végétale, telles que l'influence qu'exercent le père et la mère sur leur produit commun et, dans le cas où ils appartenaient primitivement à des espèces différentes, les limites entre lesquelles peut varier ce produit ou hybride, tant dès la première génération qu'après plusieurs générations successives. Ces questions, M. Sageret les a clairement vues et habilement abordées. Après avoir établi la distinction nette des cinq espèces du genre Cucumis et de trois variétés de l'une d'elles, qui est notre Melon, il a essayé de croiser l'une par l'autre, d'abord ces espèces, puis les produits de ces croisements dans les cas où il en avait obtenu ; et, contrôlant ces expériences par d'autres (1) instituées sur des plantes appartenant à des familles différentes, il est arrivé aux résultats suivants :

(1) Notice sur un nouveau Tabac hybride. *Ann. agric. franç.*, t. 70, p. 304-305, 1817.

Recherches et expériences de fécondations naturelles et artificielles faites sur plusieurs espèces et variétés soit naturelles, soit hybrides ou présumées

*

La facilité du croisement est en rapport direct des affinités naturelles des plantes ; c'est un criterium qui vient en aide aux autres caractères pour mesurer les divers degrés de ces affinités. Les fleurs d'une espèce ne peuvent être fécondées que par celles des espèces les plus voisines. Les variétés d'une même espèce se fécondent l'une l'autre plus sûrement et plus aisément que les espèces distinctes, d'autant plus qu'elles offrent des différences moins profondes; de telle sorte qu'une série de croisements, qui tendent à effacer de plus en plus ces différences, les rend de plus en plus aptes à l'hybridation. L'impuissance de reproduction, qu'on regardait comme un caractère presque nécessaire des mulets, est au contraire le fait le moins général dans le règne végétal, où les graines des hybrides sont le plus ordinairement fécondes, et d'autant plus qu'elles sont le produit de plantes plus semblables, par conséquent de variétés et sous-variétés. Ces graines, il est vrai, germent un peu plus lentement et plus difficilement; mais il y a cela de remarquable que les plantes qui en proviennent ont une vitalité plus vigoureuse, une force plus grande de multiplication, propriétés précieuses pour la culture. On serait porté à croire que les caractères de l'hybride, devant reproduire ceux de ses auteurs, les présenteront, combinés par une sorte de fusion, dans un état intermédiaire. Or ce n'est pas là le cas qui s'est offert le plus communément à M. Sageret; il les a vus plutôt se répartir de telle manière que parmi ces caractères tel appartient entièrement au père, tel autre à la mère; par exemple, la forme et la surface du fruit à l'un, sa couleur et sa saveur à l'autre, ou même l'une de ses moitiés offre le type paternel, l'autre le type maternel. Il peut

---

telles, du genre *Brassica* (Chou), tendantes à déterminer les divers degrés de parenté ou d'affinité du Chou, du Colza, du Chou-navet, du Rutabaga, de la Navette, des Navets-raves et Turneps, etc. *Ann. agric. franç.*, 2e sér., t. 5, p. 302-312 ; 1819.

Des fécondations étrangères spontanées et artificielles, et de la production des hybrides considérées dans leur rapport avec l'amélioration des fruits. *Journ. des connaissances usuelles*, t. 10, 1840.

même arriver que plusieurs traits, où l'on ne reconnaît ni l'un ni l'autre, rappellent un des ascendants plus éloignés et reparaissent après s'être effacés pendant une ou plusieurs générations. Ce phénomène, celui de l'atavisme, doit être pris en sérieuse considération, lorsqu'on opère ces croisements, non plus par simple curiosité scientifique, mais dans un but pratique et pour l'amélioration des races. M. Sageret enfin, par plusieurs des résultats obtenus, était conduit à admettre que les diverses graines d'un même ovaire peuvent quelquefois recevoir une fécondation différente. L'état actuel de nos connaissances sur le mécanisme de la fécondation végétale démontre la possibilité matérielle de ce fait, qui, au reste, doit être extrêmement rare.

Le second mémoire sur les Cucurbitacées a pour objet leur culture et surtout celle du Melon. L'auteur se pose deux problèmes principaux sur cet habitant originaire de climats plus chauds que le nôtre : le faire fructifier en pleine terre; accélérer cette fructification de manière que les chaleurs de nos étés et automnes y suffisent et au delà, et qu'on puisse avoir ses fruits le plus vite et le plus longtemps possible. C'est la manière dont M. Sageret traite la seconde question qui nous occupera ici, parce qu'elle caractérise bien la nature de son esprit observateur et logique, et que d'ailleurs elle repose sur des considérations qui lui ont fourni de fréquentes applications. Il a commencé par regarder le Melon poussant en pleine liberté. Un premier jet s'allonge duquel partent des rameaux latéraux, puis de ceux-ci des rameaux tertiaires, et ainsi de suite; les derniers venus émettent des rameaux d'un ordre progressivement décroissant. Or ce n'est qu'après plusieurs de ces ramifications que les fleurs commencent à se montrer, les mâles d'abord, puis les femelles de plus en plus nombreuses, les premières au plus tôt sur les rameaux ternaires, les secondes sur les suivants. Le problème se réduit donc à faire paraître ces derniers rameaux plus vite qu'ils ne le doivent dans les phases de leur évolution naturelle, et c'es ce qu'il est facile d'obtenir par la taille ou mieux par le pincement des premiers rameaux destinés à produire seulement des feuilles, en ne leur en laissant que deux ou trois avec leurs bourgeons. Ceux-ci, profitant de toute la nourriture qui eût servi à l'élongation de l'axe supprimé, hâtent leur développement, et, devançant leur époque normale, les rameaux quaternaires apparaissent avec leurs fleurs femelles, qui ont ainsi, pour la maturation du fruit, et une source plus riche de sucs dans un sol moins épuisé, et surtout une plus longue période de chaleur. M. Sageret a observé que les bourgeons normaux, ceux qui se forment aux aisselles des feuilles, ne sont pas les seuls; qu'il s'en développe quelquefois d'accessoires correspondant aux stipules, avec les premiers ou surtout faute des premiers; qu'on en voit naître aussi en dedans des cotylédons; que les rameaux provenus de ces bourgeons stipulaires ou cotylédonaires, plus faibles et souvent chétifs, tendent, d'une autre part, à se mettre plus vite à fleur et à fruit; et il montre, en conséquence, le parti qu'on pourrait en tirer dans certains cas. On voit que sa pratique s'appuie sur l'étude des lois de l'inflorescence et de la floraison, étude poussée si loin aujourd'hui, mais dont il n'a pas attendu le perfectionnement pour en sentir toute l'importance, et dans laquelle il a même exploité un filon généralement négligé, en déterminant, par un certain nombre de plantes, le degré de ramification qu'elles doivent atteindre avant de commencer à fleurir.

Ce même esprit, ces mêmes principes, que nous avons tâché de faire connaître par l'examen du travail sur les Cucurbitacées, se retrouvent dans les autres travaux de M. Sageret, et notamment dans ceux qu'il a consacrés à la conduite des arbres fruitiers. Ce paraît avoir été son étude de prédilection; c'est la matière de son œuvre la plus considérable, la *Pomologie physiologique*, dans laquelle il a reproduit textuellement plusieurs mémoires antérieurs, développé ou résumé la plupart de ses idées, rappelé la plupart des résultats obtenus par sa longue pratique, et qu'enfin, plus tard, il n'a cessé de chercher à compléter et par ses expériences et par de nouvelles publications (1). Sa méthode est toujours l'observation et l'imitation de la nature. Il suit d'abord attentivement la végétation de la plante abandonnée à elle-même; puis, quand il en a saisi les habitudes, il les tourne à son profit; il dispose des forces qu'il a appris à connaître, en en réglant, hâtant, retardant ou déplaçant l'emploi.

Les arbres, comme les plantes annuelles, ne viennent à fleurir qu'après s'être ramifiés, mais un bien plus grand nombre de fois, et surtout après un intervalle de temps beaucoup plus considérable; car ces divers degrés de ramification, qui, dans les uns, se succèdent pendant le cours d'une seule année, demandent, dans les autres, à peu près autant d'années qu'il y a d'axes d'ordres différents. Ceux-ci se développeront longtemps en bois et en feuilles exclusivement avant de commencer à se développer en organes floraux, et le rapport proportionnel des rameaux fleuris aux rameaux

---

(1) Pomologie physiologique ou traité du perfectionnement de la fructification, avec recherches et expériences sur les moyens d'améliorer les fruits domestiques et sauvages, d'augmenter et d'assurer leur produit, de faire naître des espèces et variétés nouvelles et d'en diriger la création, d'acclimater les espèces étrangères, et d'accélérer la mise à fruit des végétaux, et particulièrement des jeunes arbres à fruit, à pepins et noyau, et autres venus de semis; suivi de plusieurs mémoires relatifs à la taille des arbres à fruit, à la marche de la séve, à la formation des hybrides et des variétés. Paris, in-8°, p. 578, 1830.

Notice pomologique contenant des observations sur l'amélioration des fruits en général, et quelques détails sur plusieurs nouvelles espèces et variétés de fruits obtenues de semis, à Paris, dans ces dernières années, jusque et y compris 1834. Supplément à la Pomologie physiologique. *Ann. agric. franç.*, 3ᵉ sér., t. 15, p. 95-115, 1835.

Considérations sur la taille des arbres à fruit. *Mém. Soc. agric.*, t. 22, p. 377-467, 1819.—Réimprimées à la suite de la Pomologie physiologique.

Rapport sur les travaux de M. Sieulle pour le perfectionnement de la culture des Pêchers en espalier. *Mém. Soc. d'agric.*, t. 23, p. 187-217, 1820.

Moyens employés pour avancer l'époque de la fructification d'un jeune Pommier venu de semis. *Ann. agric. franç.*, 2ᵉ sér., t. 2, p. 255-259, 1818.

Moyens d'obtenir promptement du fruit sur les jeunes Poiriers. *Ann. Soc. hortic.*, t. 20, p. 134, 1837.

Remarques sur la reprise des boutures, et notamment sur celles des Poiriers et Pommiers. *Mém. Soc. agric.*, t. 42, p. 165-178, 1834.

feuillés, nul d'abord, ira peu à peu en croissant dans l'arbre adulte et finira par s'intervertir dans l'arbre vieilli. Cette tendance diverse des rameaux se manifeste par des formes extérieures dont les caractères révèlent à l'horticulteur ce qu'il doit en attendre, et le dirigent dans ses opérations destinées à accélérer et multiplier la production du fruit. Pour atteindre ce but, il s'agit de faire, en quelque sorte, vieillir l'arbre plus vite et produire à une seule année ce qui, dans le cours naturel des choses, en eût exigé plusieurs, en provoquant, coup sur coup, l'émission de rameaux d'ordres différents. De là, la taille des arbres, qui, réduisant l'axe à un petit nombre de bourgeons, les fait profiter de la nourriture qu'eût employée la partie supprimée et partir avant le temps.

Mais M. Sageret trouve quelque chose d'excessif dans cette taille, telle qu'on la pratiquait généralement; il est tenté de dire comme le philosophe scythe de la Fontaine :

> Pourquoi cette ruine? Était-il d'homme sage
> De mutiler ainsi ces pauvres habitants?
> Quittez-moi cette serpe, instrument de dommage.

En effet, en suivant la végétation de l'arbre livré aux seules forces de la nature, il a vu une partie des branches accumulées se détruire d'elles-mêmes, et, dans celles qui persistent, les plus belles rosettes, c'est-à-dire les rameaux contractés destinés à la fructification, se développer vers les extrémités; il a remarqué que, trop multipliés, les fleurs ou les jeunes fruits périssent et tombent en partie, ou que, s'ils continuent à vivre et à mûrir, l'arbre, épuisé par cette production exagérée (d'où résulte, d'ailleurs, la dépréciation de la denrée), ne produit que peu ou point les années suivantes, et qu'il en résulte ces alternatives de stérilité si contraires aux intérêts du cultivateur. Il conseille donc d'imiter la nature en supprimant complétement une partie des rameaux, parmi lesquels on choisit avec discernement ceux qu'on conservera, et sur lesquels même, par des pincements successifs et des ébourgeonnements, on ne laissera se développer que des bourgeons eux-mêmes choisis. Leur nombre limité déterminera la formation anticipée d'axes de différents ordres de rameaux à bois; il modérera la production dans les rameaux à fruit, et pourra ainsi prévenir l'*alternat*. Le choix des bourgeons ménagés sera tel que l'effet de l'âge soit un peu devancé dans les arbres jeunes et vigoureux, mais qu'au contraire les vieux soient comme rajeunis et leur vie prolongée par le développement sagement provoqué de rameaux à feuilles, lesquels sont nécessaires à la végétation.

M. Sageret appelle, d'ailleurs, à son aide et examine les autres moyens connus, boutures, marcottes et greffes, pour lesquels il conseille d'essayer les rameaux d'un ordre déjà élevé, et par conséquent plus rapprochés du terme naturel de la fructification, incisions et ligatures annulaires, arcure, perforation, coupe des racines, recepage, etc. Il traite, avec un certain détail, de l'opération du cassement substituée à celle de la section, et appelle l'attention sur la différence de leurs résultats. Y aurait-il là quelque analogie avec ce qu'on observe sur les animaux, où les plaies par arrachement, souvent sans hémorragie, agissent tout autrement que les plaies par incision?

La plupart de ces moyens, employés pour accélérer tant la mise à fruit que la maturation, le sont aussi pour perfectionner les qualités du fruit, et sont considérés, sous cet autre point de vue, avec le même soin, avec les mêmes connaissances pratiques, par M. Sageret. Cette recherche du mieux ne lui suffisait pas; il en élargissait le champ par celle du nouveau, à laquelle il paraît s'être toujours complu. La rédaction du titre qu'il met en tête de ce chapitre indique cet esprit vraiment scientifique que nous avons déjà signalé. Il traite *des moyens de faire naître des espèces et des variétés nouvelles, et d'en diriger la création*. On sent que les moyens l'intéressent autant que la fin, et qu'il s'efforce de réduire, autant que possible, la part du hasard, ce père trop fréquent des découvertes, surtout en horticulture. Il avait raison de procéder sur cette voie les yeux ouverts et attentifs, en sondant le terrain à chaque pas ; car, si nous parvenions à connaître les causes, nous pourrions produire à volonté les effets, et même, sans cet utile résultat, la détermination de quelques-unes de ces formes mystérieuses qui président à l'organisation en serait un magnifique pour les esprits qui aiment la science en elle-même et indépendamment de ses applications.

Nous ne dirons pas que M. Sageret y est parvenu; mais il y a tendu constamment, et, sans dissiper l'obscurité de la route, il l'a éclairée sur divers points : exemple à recommander aux successeurs qui l'y suivront en profitant de ces lumières.

Nous savons déjà que c'est par les semis de graines que s'obtiennent ces nouveautés, et M. Sageret les multiplia avec une persévérance infatigable ; aussi lui doit-on un grand nombre de variétés nouvelles, heureuses conquêtes qu'il s'empressait de partager libéralement. Ce n'est pas ici le lieu de les énumérer ; la Société les a vues, touchées et goûtées, et souvent ses membres ont été appelés à en faire l'inventaire. Il se trouve consigné dans une suite de rapports de diverses commissions (1) et dans ceux que vous présentait de loin en loin l'auteur lui-même (2).

---

(1) Rapport fait sur les cultures des Cucurbitacées, par M. Pirolle. *Ann. Soc. hortic.*, t. 2, p. 160-165, 1827.

Notice sur les pépinières et les cultures de M. Sageret, par M. Desmichels. *Ann. Soc. hortic.*, t. 7, p. 206, 1830.

Rapport sur les cultures de M. Sageret, par M. Debonnaire de Gif. *Ann. Soc. hortic.*, t. 13, p. 191, 1833.

Rapport d'une commission sur les cultures de M. Sageret, par M. Mérat. *Ann. soc. d'hortic.* t. 16, p. 109, 1835.

Rapport sur les cultures de M. Sageret, par M. Leclerc-Thoüin. *Ann. Soc. hortic.*, t. 17, p. 177, 1835.

Première fructification de la Batate à Paris, Rapport de M. Poiteau. *Ann. Soc. hortic.*, t. 20, p. 70-77, 1837.

Notice sur une visite faite au jardin de M. Sageret, par M. Poiteau. *Ann. Soc. hortic.*, t. 23, p. 135, 1838.

Rapport sur les cultures de M. Sageret, par M. Philippar. *Mém. soc. agric.*, t. 50, p. 1-35, 1842.

(2) Notice sur plusieurs espèces et variétés nouvelles de fruits obtenues par M. Sageret. *Ann. Soc. hortic.*, t. 8, p. 168-178, 1831.

Occupons-nous plutôt des procédés par lesquels il a obtenu ces produits variés et que lui ont enseignés sa raison et son expérience (1). Admettant que les arbres fruitiers, de même que tous les autres, se perfectionnent par la culture, et que les plantes provenant du semis de leurs graines, placées dans des conditions convenables, gagnent à chaque nouvelle génération, il pense, contrairement à Van Mons, qu'on arrivera d'autant plus sûrement et promptement à la perfection que le point de départ s'en trouvera déjà plus rapproché. Il donne donc une grande attention au choix des graines qu'il prend sur les meilleurs fruits de l'espèce ou de la variété qu'il veut améliorer ou modifier par le semis. Si c'est la nouveauté qu'il a principalement en vue, il s'adressera de préférence aux graines qu'il sait les plus aptes à donner des variations, parce que les arbres qui les fournissent, déjà travaillés par les croisements, les greffes et autres moyens précédemment indiqués, ont acquis, en déviant de leur type primitif, une tendance à de nouvelles déviations. Il a donc pu préparer ainsi lui-même, jusqu'à un certain point, dans les générations antérieures, celles qu'il en fera successivement sortir. Le fait décide s'il a réussi ou non suivant ses

---

Notice pomologique, 1835. — Déjà citée précédemment.

Note sur divers semis. *Ann. agric. franç.*, 4e sér., t. 13, p. 283-84, 1846.

Note sur ses travaux horticoles. *Ann. agric. franç.*, 4e série, t. 14, p. 161-62, 1846.

Note sur ses cultures en 1848. *Ann. agric. franç.*, 4e série, t. 19, p. 420-422, 1849, et *Bull. Soc. agric.*, t. 4, p. 662.

Note sur ses cultures. *Bull. Soc. agric.*, t. 5, p. 168, 1849-1850.

On doit ajouter à ces notices spéciales un grand nombre de mémoires déjà cités, où sont consignés les produits obtenus de semis par M. Sageret.

(1) Aux nombreuses publications que nous avons eu précédemment occasion de citer et où il est question de semis, ajoutons les suivantes qui n'ont pas été mentionnées :

Sur les Artichauts de semence. *Feuil. du cult.*, t. 5, p. 343, an III.

Réflexions sur quelques propriétés attribuées à l'âge des graines. *Ann. de Fromont*, t. 1, p. 394, 1829.

Rapport fait à la Soc. roy. et cent. d'agr. sur l'ouvrage de M. Bérard, intitulé, Questions sur les semis. *Ann. agric. franç.*, 3e sér., t. 11, p. 268-280, 1833.

souhaits, et dans le premier cas l'individu qu'il traite par les méthodes propres à accélérer et améliorer ses produits devient générateur à son tour. Mais, pour que les diverses espèces ou variétés acquièrent leur perfection, il ne leur faut pas le même climat, le même terrain, les mêmes conditions. Ces conditions, chaque horticulteur ne les a pas toutes à sa disposition : *non omnia possumus omnes*. C'est donc à chacun à faire ses essais et à poursuivre seulement ceux qui lui donnent certitude ou espérance de succès.

D'ailleurs, les observations et les expériences de M. Sageret ne se sont pas portées sur tous les arbres fruitiers également, bien que sa Pomologie traite du plus grand nombre. Mais pour beaucoup d'entre eux ce n'est que brièvement, et, quoiqu'il les eût cultivés la plupart et étudiés par lui-même, quoiqu'il y en eût peu sur lesquels sa propre pratique ne lui eût appris quelque chose, c'est sur les arbres à pepins qu'elle s'était particulièrement concentrée. Les Poiriers et Pommiers y sont traités avec de grands détails, avec un soin presque monographique, et ce sont eux qui, avec les Cucurbitacées, peuvent être considérés comme ayant fourni la masse des faits qui servent de base à ses doctrines. Des fruits à noyau, les Pruniers sont ceux dont il s'est le plus occupé et dont il a obtenu le plus de variétés nouvelles.

Plusieurs questions intéressantes pour la physiologie et la géographie végétales comme pour la culture se sont présentées à lui chemin faisant, et l'ont arrêté. Il parle souvent de la séve (1) et cherche à expliquer par ses modifications celles du végétal dans ses diverses phases, dans ses diverses parties. Sans doute ces explications hypothétiques, fondées sur un agent si obscur, ne peuvent guère avancer la solution du problème ainsi posé avec une inconnue de plus. Mais à côté

(1) Considérations sur le mouvement de la séve dans les arbres. *Ann. agric. franç.*, t. 49, p. 5-19, 1812.

Discussion sur l'existence des deux séves dites de printemps et d'août. *Ann. agric. franç.*, 2e sér., t. 1, p. 273-315, 1818.—Réimprimée à la suite de la Pomologie physiologique.

l'on trouve quelques-unes de ces bonnes et sages observations qui abondent dans tous ses ouvrages. Ainsi, discutant sur l'existence des deux séves dites de printemps et d'août, il montre que, dans beaucoup d'arbres, il n'y en a qu'une seule; que, dans ceux où l'on en signale deux, on n'en a souvent également qu'une, soit que la seconde manque, soit qu'elle se rattache à la première sans intermission, et il conclut « qu'il n'y a réellement qu'une seule séve, dont le cours « peut être suspendu par plusieurs causes accidentelles, dont « le retour peut avoir lieu par de pareilles causes, et qu'il ne « peut être attribué à une impulsion générale; que les effets « de la séve, soit dans sa première, soit dans sa seconde « époque, sont ou peuvent être les mêmes, sauf les modifi-« cations que leur imprime la différence des saisons, modi-« fications très-irrégulières par l'effet de l'irrégularité des « saisons elles-mêmes. »

L'acclimatation et la naturalisation des espèces étrangères ont fourni un chapitre à la Pomologie. Les auteurs sont partagés sur cette question, les uns pensant qu'on peut, en effet, changer graduellement les habitudes et les besoins des plantes, les autres que chacune a ses conditions propres d'existence et ne végète que là où elle les rencontre. Cette dernière opinion me paraît celle de M. Sageret, car il fait remarquer que le végétal succombe ou languit transplanté dans un pays nouveau où ces conditions lui manquent, et que ce n'est qu'en le modifiant par la greffe, par l'hybridation et les autres moyens dont nous pouvons disposer qu'il parvient à s'acclimater, surtout après plusieurs générations. Mais dès lors il a cessé d'être identique avec ce qu'il était dans son pays natal, et ce n'est plus le même végétal ; c'est une variété ou même un métis.

Ainsi adonné à l'étude des fruits, M. Sageret n'a cependant pas complétement négligé les fleurs. Par le peu qu'il en a écrit, on devine qu'elles l'intéressaient, surtout au point de vue physiologique. Il se demandait comment elles doublent, ou prennent d'autres formes monstrueuses ou bizarres , comment leur odeur s'exalte ou se modifie, et il cherchait, suivant son usage, les moyens de provoquer ces modifications (1). Une question du même ordre est relative à la panachure des feuilles (2). Il a reconnu qu'elle est un symptôme d'affaiblissement, quelquefois préexistant dans le genre même, puisqu'il n'est pas rare de voir des plantes à feuilles panachées, ou même entièrement blanches, venir de graines trop vieilles ou, au contraire, incomplétement mûres, ou autrement défectueuses; qu'elle se transmet par la génération et l'hybridation; enfin qu'elle peut être communiquée par la greffe au sujet, fait curieux qui démontre l'influence de l'un sur l'autre et peut conduire à d'importantes conséquences.

Cet exposé, beaucoup trop incomplet et superficiel, des travaux de M. Sageret suffit néanmoins pour en faire ressortir le caractère et pour en démontrer l'intérêt relativement, non-seulement à la pratique de l'horticulture, mais aussi à sa théorie et aux questions scientifiques les plus élevées, comme celles qui concernent l'organisation et la classification. Je n'en veux pas d'autres preuves que l'heureux parti que notre savant président en a tiré pour éclairer des *considérations générales sur les variations des individus qui composent les groupes appelés variétés, races, sous-espèces et espèces* (3), et que l'hommage par lui rendu à son vénérable

---

(1) Observation sur une fleur monstrueuse renfermée dans un fruit. *Ann. agric. franç.*, t. 50, p. 284-85, 1812.

Y a-t-il possibilité d'exercer quelque influence sur la couleur et l'odeur des fleurs, sur le parfum et la saveur des fruits, sur la production des fleurs doubles, etc. *Ann. agric. franç.*, 3e sér., t. 17, p. 170-79, 1836.

(2) Recherches et expériences sur les moyens de faire naître des végétaux à feuilles panachées. *Ann. de Fromont*, t. 6, p. 329-333, 1834. Voir aussi, sur la panachure, Compte rendu des travaux de la *Soc. d'hort.*, t. 6, p. 137.

(3) Rapport de M. Chevreul sur l'ouvrage intitulé, Ampélographie, par M. le comte Odart, suivi de considérations générales, etc. *Mém. Soc. d'agric.*, 1846; *Journ. des savants; Ann. des sc. natur.*

collègue, dont il proclame l'esprit d'observation, la sagacité et la finesse d'aperçu dont sa simplicité et son extrême bonne foi viennent rehausser le mérite. C'est l'impression que nous avons constamment éprouvée nous-même en l'étudiant et que nous avons essayé de vous transmettre.

Telles sont les douces et honorables occupations au milieu desquelles s'écoula et s'acheva la vie de M. Sageret. Il s'était marié en 1789, et cette union le laissa veuf au bout de quinze années avec un fils et trois filles. Sa studieuse retraite était en même temps le foyer de toutes les vertus domestiques; elle était embellie par la société de cette famille d'enfants et de petits-enfants qui le chérissaient, par les visites de ses amis et de ses collègues. Il se plaisait toujours dans ce jardin dont chaque arbre était pour lui un souvenir ; et malheureusement ce mot de souvenir se trouve ici trop littéralement vrai, car la vue de M. Sageret, dont il se plaignait déjà en 1830, l'avait presque complétement abandonné depuis longtemps. Le patriarche aveugle n'en continuait pas moins ses essais; il rappelait cet octogénaire de la fable qui plante en pensant aux ombrages que lui devront ses arrière-neveux. M. Sageret faisait mieux encore, il semait.

Il est mort dans sa quatre-vingt-huitième année, le 23 mars 1851. Son jardin est encore la propriété de sa famille, et il est à souhaiter qu'il n'en sorte pas, ou qu'il n'en sorte que pour passer, avec les documents précieux qui s'y rapportent, dans les mains d'un horticulteur éclairé, capable d'en conserver les traditions, et de continuer les expériences si ingénieusement instituées, si patiemment et si longuement poursuivies par son fondateur (1).

---

(1) Pour compléter l'énumération des publications de M. Sageret, nous indiquons ici celles que nous n'avons pas eu l'occasion de citer dans le courant de cette notice.

Sur quelques greffes présumées nouvelles. *Ann. Soc. hortic.*, t. 20, p. 335-36, 1837.

Note sur la culture du Sarrasin. *Ann. agric. franç.*, 4e sér., t. 16, p. 72-73, 1847, et *Bullet. Soc. agric.*, t. 3, p. 204.

Sur quelques moyens d'atténuer les ravages de la gelée blanche, des insectes, etc. *Ann. de Fromont*, t. 2, p. 399, 1820.

Observations sur le puceron lanigère. *Bullet. Soc. agric.*, t. 4, p. 108, 1848-49.

PARIS. — IMP. DE Mme Ve BOUCHARD-HUZARD, RUE DE L'EPERON, 5.

www.ingramcontent.com/pod-product-compliance
Ingram Content Group UK Ltd.
Pitfield, Milton Keynes, MK11 3LW, UK
UKHW020454220726
13923UKWH00006B/2541